»Die Schöne Frau«
Maria von Branconi, Goethe und Blankenburg

Prof. Dr. h.c. Gerd Biegel, M.A.
Institut für Braunschweigische Regionalgeschichte und Geschichtsvermittlung, TU Braunschweig
Präsident des Vereins Rettung Schloß Blankenburg e.V.

Es war ein denkwürdiger Tag für die Residenzstadt Braunschweig, jener 24. Juli 1767. Von einer *»Bildungsreise«* durch Frankreich und Italien kehrte der **Erbprinz Carl Wilhelm Ferdinand** (1735 – 1806) zurück, begleitet von seiner jungen Ehefrau und dem am 8. Februar 1766 in London geborenen Sohn und Erbprinzen Karl Georg August (1766 – 1806). Aber die junge Familie war keineswegs allein, wie bereits die heftig brodelnde Gerüchteküche in Braunschweig vorab zu melden wusste. In Begleitung des Prinzenpaares traf eine junge und überaus attraktive Witwe aus Neapel

ein, von der es bald heißen sollte, sie sei die schönste Frau Deutschlands: **Maria Antonia von Branconi** (1746 – 1793), die aktuelle Mätresse des Erbprinzen. Um den Moralbedenkenträgern unserer keineswegs so moralischen Zeit das kritische Stirnrunzeln zu ersparen, sei schon an dieser Stelle angemerkt, dass dieses Verhalten des Erbprinzen durchaus den höfischen Gepflogenheiten der Zeit entsprach.

FÜRSTLICHE MÄTRESSEN

Erscheint uns der Begriff der Mätresse heute mit der Vorstellung von Lasterhaftigkeit, Ausschweifung, Verschwendungssucht und Verruchtheit verbunden, so ist dies im Wesentlichen ein Ergebnis der moralisierenden Geschichtsschreiber des 19. Jahrhunderts sowie der gesellschaftlichen Verlogenheit unserer Epoche. Die gesellschaftliche Wertung sah im vergangenen Jahrhundert in den großen Mätressen des 17. und 18. Jahrhunderts überwiegend oberflächliche, eitle geltungs- genusssüchtige Wesen, denen zugleich Geist und Moral abgesprochen wurden. Letztlich sah man in ihnen eine Ursache des sittlichen und gesellschaftlichen Niedergangs einer ganzen Epoche, ja: gelegentlich glaubte man, in der Abhängigkeit absolutistischer Fürsten von den Ansprüchen ihrer Mätressen den Grund wirtschaftlichen und finanziellen Untergangs einzelner Staaten zu sehen. Dieses Vorurteil des 19. Jahrhunderts hat sich durchaus bis in unsere Zeit gehalten. Zu Unrecht jedoch, denn zum einen waren fürstliche Mätressen im 18. Jahrhundert eine gesellschaftlich anerkannte *»Institution«,* zum anderen muss man sie sorgfältig von dem Personenkreis flüchtiger Abenteuer und Liebschaften trennen. Dies ist nicht zuletzt an der Tatsache zu erkennen, dass Fürsten und Könige sich durchaus öffentlich zu ihren Mätressen bekannt haben. Man muss berücksichtigen, dass die Fürsten des Absolutismus zwar vordergründig unbegrenzte Macht ausübten, in ihren persönlichen Wünschen und Bedürfnissen jedoch keineswegs immer frei entscheiden konnten. So waren die Ehen in dieser Zeit meist Ergebnisse von Staatsräson, wie auch die Beispiele der Blankenburger Prinzessinnen eindrucksvoll belegen.

Persönliche Neigungen oder gar Gefühle spielten keine Rolle, denn die Ehe war entweder eine politische Pflichterfüllung oder diente dazu, legitime Nachkommen zu zeugen. Von Gefühl oder gar persönlichem Glück war nicht die Rede. Es war daher kaum überraschend, wenn die Ehepartner selten zueinander passten. Unter diesem Vorzeichen waren Mätressen kein Luxus, sondern eine Institution, die emotionale Defizite der Fürsten deckten. Daraus erklärt sich auch die meist lange Dauer derartiger Verhältnisse. Mätressen zeichneten sich meist - nicht immer - durch Attraktivität, Empfindsamkeit und Intelligenz aus, sonst hätten sie wohl kaum die üblichen höfischen Intrigen längere Zeit überstanden. Vor diesem Hintergrund gesellschaftlicher Realität im 18. Jahrhundert muss man auch das Verhalten des braunschweigischen Erbprinzen bewerten, obwohl seine Ehe mit der englischen Prinzessin Augusta keineswegs unter negativen Vorzeichen stand. Überrascht dürfte daher die Hofgesellschaft in Braunschweig im Juli 1767 keineswegs gewesen sein, ebenso wenig moralisch entrüstet, aber ungeheuer neugierig auf jene bis dahin unbekannte Schönheit, die der Erbprinz aus Italien nach Braunschweig mitbrachte.

CARL WILHELM FERDINAND - ERBPRINZ VON BRAUNSCHWEIG

Mit Carl Wilhelm Ferdinand wurde am 9. Oktober 1735 in Wolfenbüttel, der

damaligen Residenzstadt des Fürstentums Braunschweig-Wolfenbüttel, eine der faszinierendsten und bedeutendsten Persönlichkeiten der braunschweigischen Geschichte geboren. Als ältester Sohn des erst wenige Wochen regierenden **Herzogs Carl I.** (1713 – 1780) und dessen **Ehefrau Philippine Charlotte** (1716 – 1801), einer Schwester des preußischen Königs Friedrich II. (1712 – 1786), wuchs Carl Wilhelm Ferdinand in einer Epoche grundlegenden politischen und gesellschaftlichen Wandels auf. In allen Bereichen des öffentlichen Lebens war Bewegung, forderten die neuen Ideen der Aufklärung Veränderung. Von Kindheit an wurde der Erbprinz von Braunschweig nicht nur mit diesem Umbruch einer Epoche konfrontiert, er wurde auch mit den damit verbundenen neuen Vorstellungen vertraut. Prägend für die Persönlichkeit Carl Wilhelm Ferdinands war der Einfluss von Abt **Johannes Friedrich Wilhelm Jerusalem** (1709 - 1789), der von Herzog Carl I. im Jahr 1742 als Erzieher seines damals gerade sieben Jahre alten Sohnes und als Hofprediger berufen wurde. Abt Jerusalem war einer der führenden Theologen der Aufklärung, und ganz in deren Sinne erfolgte die Erziehung seines Schützlings. Leicht war diese Erziehung wohl nicht. Auch wenn wir aus Kindheit und Jugendzeit nur wenige Nachrichten über Carl Wilhelm Ferdinand besitzen, so ergibt sich doch für uns ein recht anschauliches Charakterbild des Erbprinzen. Er wird allgemein als ebenso lebhaft, liebenswürdig und verträumt geschildert, wie übermütig, unaufmerksam, ungestüm und reizbar: *»Mit Feuereifer verschlang er die Memoiren berühmter Kriegshelden, und die Cäsar, Turenne, Condé, Villars und andere haben seiner heißen Phantasie als die großen Beispiele vorgeschwebt, denen*

gleich zu werden sein kindlicher Sinn sich erträumte. Besonders Xenophon, dieser feingebildete, geistvolle griechische Feldherr, war lange Zeit sein Liebling, und nach griechischer Sophrosyne hat sein ungestümer Geist, unbewußt vielleicht, sein ganzes Leben gestrebt. Alle die wilden und brodelnden Kräfte seines Innern, noch ohne ein großes Ziel, strömten in dem Knaben unruhig nach dem Weiten und stillten die Sehnsucht nach Tat und Ruhm in der Lektüre großer und lebensvoller Helden«. In diesem Sinne lässt sich das Charakterbild des jüngeren Erbprinzen zusammenfassen. Abt Jerusalem hat dies kurz und knapp mit zwei Worten umschrieben: Vernunft und Ehrgeiz sah er als wesentliche Eigenschaften seines Schülers an. Mit kritischem Blick hat der Erzieher – wie aus seinen regelmäßigen schriftlichen Berichten über die Erziehung Carl Wilhelm Ferdinands an dessen Vater deutlich wird – das Zwiespältige im Charakter des Erbprinzen schonungslos offengelegt. Allerdings betont er auch den hohen Maßstab, den Carl Wilhelm Ferdinand selbst an sein Denken und Handeln legte.

Dies sollte sich in jungen Jahren besonders im militärischen Verhalten Carl Wilhelm Ferdinands zeigen. Das Interesse an einer militärischen Laufbahn entsprach am ehesten seinen Neigungen und Fähigkeiten. Alles Militärische vermochte ihn zu fesseln, und hier brach sich auch stets sein immer wieder beschriebener Ehrgeiz rücksichtslos Bahn. Gewiss war auch eine gehörige Portion jugendlicher Unbekümmertheit in seinen Handlungen zu spüren, und nicht zuletzt das Vorbild seines berühmten Onkels Friedrichs II. dürfte entscheidende Handlungsmaßstäbe

gesetzt haben. Der Siebenjährige Krieg (1756 – 1763) bot nach aller Lektüre von Militärschriftstellern erstmals auch die Möglichkeit zur praktischen Bewährung. Will man dabei den Äußerungen des Onkels über Carl Wilhelm Ferdinand Glauben schenken, so erreichten seine Handlungen in dieser Zeit den Rang von Heldentaten. Unter Führung seines Onkels **Herzog Ferdinand** (1721 – 1792) gelang es Carl Wilhelm Ferdinand, während des Siebenjährigen Krieges seine militärischen Fähigkeiten auszubauen und unter Beweis zu stellen. Jugendliche Ungestümheit (Hastenbeck), militärisches Geschick (Hoya) und erfolgreiche, wenn auch zögerliche Taktik (Minden) sowie beeindruckende persönliche Tapferkeit (Meiningen/Sachsen) zeichneten den Erbprinzen in dieser Zeit aus. Darüber hinaus bewies er bei zahlreichen Verhandlungen mit dem unterlegenen Gegner erstaunliches diplomatisches Geschick. So war es kein Wunder, dass Carl Wilhelm Ferdinands militärische Fähigkeiten Aufmerksamkeit, ja teilweise Bewunderung erregten, auch wenn wir heute in dieser Hinsicht differenzierter und weniger euphorisch urteilen müssen, als die Zeitgenossen dies getan haben. Besonders eng entwickelte sich damals das Verhältnis zum preußischen König, dessen öffentlich geäußerte hohe Einschätzung der militärischen Fähigkeiten seines Neffen nicht unerheblich zu dessen Ruf als bedeutendster Feldherr des 18. Jahrhunderts in Europa beigetragen haben dürfte.

So bemerkte **Friedrich II.** am 8. Januar 1760 über den braunschweigischen Erbprinzen: *»Ich bin ganz entzückt von ihm, von seinen Talenten, von seinem angenehmen Wesen, seinem Eifer für das Militär, von all den großen Gesichts-*

punkten, die er hat. Er wird uns alle überflügeln, uns alte Soldaten. Ich spreche zu Ihnen nicht so, weil er mein Neffe ist, sondern weil es die Wahrheit selber ist. Alle, die ihn sehen werden, und die das Verdienst zu schätzen wissen, werden sicherlich ebenso sprechen«. Selbst eine Ode auf den Helden Carl Wilhelm Ferdinand verfasste der preußische König. Zwischen Legendenbildung und Anerkennung echter Leistungen dürfte die Wirkung der Äußerungen Friedrichs II. gelegen haben, so wie sich die tatsächlichen Fähigkeiten des Neffen in dieser Zeit zwischen Wagemut und zögernder Überlegung bewegt hatten. Nicht außer Acht gelassen werden darf aber auch die Tatsache, dass Carl Wilhelm Ferdinand eine nicht unerhebliche Rolle im politischen Kalkül europäischer Politik Friedrichs II. spielte, der für seine Auseinandersetzungen mit Paris und Wien eine engere Anbindung Englands sichern wollte, um den Rücken freizuhalten für seine kontinentalen Pläne. England wiederum suchte nach strategischen Positionen auf dem Kontinent, um dem Machtzuwachs Preußens nicht ohne Einfluss gegenüberzustehen. Ein probates Mittel zur Lösung derartiger

Probleme war im 18. Jahrhundert die Heiratspolitik der europäischen Herrscherhäuser. Vernunft und Politik bestimmten Eheschließungen, Gefühle waren eine sekundäre, gelegentlich eher hinderliche Beigabe.

So waren es sowohl politische Rücksichten gegenüber Preußen als auch handfeste wirtschaftliche Erwägungen des braunschweigischen Hofes, die am 16. Februar 1764 zur Heirat von Carl Wilhelm Ferdinand mit der englischen **Prinzessin Augusta** (1737 – 1813) führten. Die Hochzeit mit der Schwester des späteren Königs Georg III. von England (1738 – 1820) fand in London statt, und bereits zu diesem Ereignis war der Erbprinz von seinem Onkel mit diplomatischen Aufträgen betraut worden, denen später noch weitere folgen sollten. Die zu erwartende stattliche Mitgift der Braut wirkte wie ein Hoffnungsschimmer am dunklen Horizont des drohenden Staatsbankrotts in Braunschweig, und so fand die Heirat auch die ungeteilte Zustimmung der Eltern des Erbprinzen. Es war also keineswegs eine Liebesheirat, die Carl Wilhelm Ferdinand einging, sondern den Konventionen seiner Epoche entsprechend war die Entscheidung getroffen worden. Das persönliche Verhältnis der beiden so unterschiedlichen Charaktere, als die uns der Erbprinz und seine Frau in der Überlieferung begegnen, bot manchen Anlass zu Konflikten. Dennoch *»eine Hochachtung und eine aufrichtige Verehrung für ihr edles und gütiges Wesen hat ihn immer wieder zu ihr zurückgeführt, so oft auch eine andere Neigung ihn fesseln mochte«*. Carl Wilhelm Ferdinands Interesse am weiblichen Geschlecht war keineswegs unbekannt, schon sein Erzieher Abt Jerusalem hat dies in einer Schilderung des attraktiven jungen Mannes besonders betont: *»Stellen Sie sich den wolgemachtesten, lebhaftesten und vigoureusesten jungen Herrn vor, so versteht sichs von sich selbst, daß er hiegegen nicht unempfindlich ist; Stellen Sie Sich aber auch seine Art zu denken dabey vor, so haben Sie hierin auf einmal seinen gantzen Caracter. Er wird sich nie gemein machen; die sprödeste Schönheit wird ihn auch nicht zum Seufzen bringen. Seine passion wird sehr lebhaft werden können, aber seine Freiheit und seine dignität wird er dabey nicht verlieren«*.

Auch wenn er seine innere Unabhängigkeit offenbar zu wahren wusste, so waren die außerehelichen Verhältnisse Carl Wilhelm Ferdinands selten flüchtige Abenteuer, sondern von recht langer Dauer. Es war schließlich für die braunschweigische Gesellschaft eine Sensation, als der erst kurz verheiratete Erbprinz von einer längeren Bildungsreise durch Europa die damals als schönste Frau Deutschlands bezeichnete Maria von Branconi als Mätresse mit nach Braunschweig brachte. Wie aber hatte er die junge Witwe kennengelernt, deren Schönheit schließlich selbst Goethe in Unruhe versetzen sollte?

DIE »BILDUNGSREISE« DES ERBPRINZEN

Als Prinzessin Augusta schwanger war, beschloss das Erbprinzenpaar, kurz vor der Geburt nach England zu reisen. Augusta wollte in ihrer Heimat entbunden werden, in bekannter Umgebung und bei Ärzten ihres Vertrauens. Daher reiste man am 26. August 1765 über Hannover, Osnabrück und Holland nach London, und bereits hier erwies sich, dass Carl Wilhelm Ferdinand nie *»privat«* reiste, sondern stets auch diplomatische Interessen vertrat. In diesem Fall führte er im Auftrag seines Onkels Friedrich II. intensive Verhandlungen mit der englischen Regierung hinsichtlich der weiteren Entwicklung der politischen Lage in Europa. Jedoch mag dieser Hinweis in unserem Zusammenhang genügen, denn sobald es möglich war, wollte sich Carl Wilhelm Ferdinand von diesen Aufträgen frei machen, um eine längere Reise durch Europa anzutreten, bei der militärisch-politische Studien und kulturelle Interessen im Vordergrund stehen sollten.

Die Bevölkerung in England empfing das Prinzenpaar mit großer Begeisterung, und Carl Wilhelm Ferdinand konnte mit Zufriedenheit registrieren, welch großes Ansehen er bei den Engländern genoss. Am 8. Februar 1766 wurde in London der Erbprinz Georg August geboren, und nachdem Carl Wilhelm Ferdinand seine diplomatischen Angelegenheiten geregelt hatte, konnte er seine geplante große *»Bildungsreise«* antreten. Am 11. April reiste er inkognito als *»Graf von Blankenburg«* in London ab und schiffte sich einen Tag später in Dover ein. Auf dem Weg von Calais nach Paris nutzte Carl Wilhelm Ferdinand jede Gelegenheit, um bedeutende Festungen und Militäreinrichtungen zu besichtigen, wollte er doch neben den kulturellen Interessen seine militärischen Kenntnisse weiter vertiefen. Dünkirchen, Montcassel und Lille waren die ersten Stationen, letztere eine der wichtigsten europäischen Festungen der Zeit. In Lille machte er insgesamt drei Tage Station, nicht zuletzt, um hier auch jenes französische Regiment zu besuchen, das er im Siebenjährigen Krieg besiegt und gefangengenommen hatte. Die ehemaligen Feinde erinnerten sich sehr wohl noch an die gute Behandlung durch den Sieger, und so glich sein ehrenvoller Empfang in der Stadt geradezu einem Triumphzug. Über Arras, Donay, Cambray und Peronne ging es weiter nach Paris, das Carl Wilhelm Ferdinand mit seinen Begleitern am 19. April 1766 erreichte. Der Aufenthalt in der französischen Metropole dauerte bis zum 24. Juni 1766. An keinem Ort seiner Reise hatte er sich so lange aufgehalten wie in Paris, ein Aufenthalt, der zu einem bedeutsamen Erlebnis für den braunschweigischen Erbprinzen werden sollte.

Carl Wilhelm Ferdinand und seine persönliche Neigung zu Frankreich waren durchaus bekannt, sein militärischer Ruf jedoch hatte ihn geradezu berühmt werden lassen. Geradezu begeistert wurde er empfangen, und die führenden Familien in Paris lieferten sich einen Wettstreit, um den berühmten Erbprinzen als Gast bei einem Empfang begrüßen und vorführen zu können. Es wurden Feste gefeiert, Landpartien unternommen und

zur Jagd geladen. Die schönsten Tage verbrachte Carl Wilhelm Ferdinand mit seinem Gefolge auf **Schloß Chantilly**, des Prinzen von Condé. Jeweils drei Tage dauerten die Jagdpartien und waren letztlich großartige Feste, bei denen auch Damen anwesend waren. Carl Wilhelm Ferdinand, der nach den Worten seines Erziehers sehr aufgeschlossen war für das schöne Geschlecht, machte offenbar auf die Damenwelt in Frankreich großen Eindruck.

Gesellschaftlicher Höhepunkt wurde ein Treffen mit König Ludwig XV. Wie aus einem Brief vom 20. Mai 1766 an seinen Onkel Friedrich II. hervorgeht, hatte Carl Wilhelm Ferdinand auch in Paris wieder diplomatische Aufträge für Preußen im Reisegepäck. Wesentlich mehr aber interessierte ihn, die angesehenen Vertreter von Wissenschaft und Kultur Frankreichs kennenzulernen, denn ihn reizte dieser brodelnde Schmelztiegel neuer Ideen und Erkenntnisse. Zahlreiche Einladungen zu den Tischgesellschaften dieser Männer nahm Carl Wilhelm Ferdinand mit Freude an und genoss die interessanten, aber auch unterhaltsamen Gespräche, wie er etwa nach ei-

nem Essen bei dem Philosophen **Claude Adrien Helvetius** (1715 – 1771) meinte, *»er habe noch nie ein interessanteres Mahl gehabt«*. Helvetius gehörte zu den Enzyklopädisten und war einer der führenden Vertreter des französischen Materialismus. Eindeutiger Höhepunkt des Paris-Aufenthaltes aber wurde die Einladung des braunschweigischen Erbprinzen zu einer Privatsitzung der französischen Akademie, eine Ehre, die bisher nur gekrönten Häuptern zugekommen war. **Jean Le Ronde d`Alembert** (1717 – 1783), Philosoph, Mathematiker und Literat, las in dieser Sitzung ein Memoire

und der Schriftsteller **Jean-Francois Marmontel** (1723 – 1799) trug einen Ab-

schnitt aus seinem *»Belisar«* vor. Die Legende
überliefert, diese Lesung habe den Erbprinzen in-
nerlich so berührt, dass er zu Tränen gerührt war.

Von Marmontel wird im Übrigen eine weitere
Anekdote überliefert, die für die Stimmung bei
diesen Treffen mit Wissenschaftlern und Literaten
bezeichnend ist: *»Es war bei einem Gastmahl des*
Helvetius. Die Stimmung war heiter, die Unterhal-
tung geistvoll und angeregt. Der Erbprinz selbst
war in fröhlichster Laune. Da tat Helvetius, der Gastgeber, die Äußerung, daß
er zwischen dem Erbprinzen und dem englischen Prätendenten Eduard eine
große Ähnlichkeit bemerke. Der Erbprinz erwiderte liebenswürdig, daß schon
viele, die den Prätendenten gekannt, dasselbe gefunden hätten. 'Mit noch ein
wenig mehr Ähnlichkeit', fügte zartsinnig Marmontel hinzu, 'würde Prinz Edu-
ard König von England geworden sein'«. Das hohe Ansehen und die Anerkennung, die er sich in den unzähligen Diskussionen und Empfängen in der Pariser
Kulturwelt geschaffen hatte, wird auch in einem Brief erkennbar, den
d`Alembert am 26. Mai 1766 an Friedrich II. nach Berlin geschrieben hat: *»Der*
Erbprinz von Braunschweig ist eben hier, bewundert, geliebt und von aller Welt
aufgesucht. Er besuchte die Akademien. Ich hatte die Ehre, in seiner Gegenwart
in der Akademie der Wissenschaften ein Mémoire vorzulesen. Gestern war er in
der Academie francaise, und ich glaube, daß er nicht unzufrieden war über die
Art, wie man ihn da empfing. Alle reißen sich darum, ihn bei sich zu haben, so
daß ich nur wenige Augenblicke die Ehre hatte, mich mit ihm zu unterhalten und
ihn meiner tiefsten Verehrung für sein erlauchtes Haus und für einen noch er-
lauchteren Oheim, den er die Ehre zu besitzen hat, auszusprechen«.

ITALIEN UND DIE ANTIKE

Mehrere Wochen blieb Carl Wilhelm Ferdinand in Paris, ehe die zweite Reiseetappe in Angriff genommen wurde. Das Ziel hieß nun: Italien und die Antike. Auf direktem Wege wurde ein Teil des Gefolges nach Genf vorausgeschickt, während der Erbprinz erneut einige Umwege machte, um militärisch wichtige Orte und Plätze zu besuchen bzw. zu besichtigen. Der Reiseweg ging über Châlou, Verdun, Metz, Nancy, Luneville zunächst nach Straßburg, wo er sich jedoch nur einige Tage aufhielt, da er die Stadt bereits gut kannte. In Metz traf Carl Wilhelm Ferdinand den französischen Marschall d` Armantiere, einen seiner bekannten Gegner im Siebenjährigen Krieg, und in Straßburg führte er ein längeres Gespräch mit Marschall Contades. Wie sehr es dem braunschweigischen Prinzen auch um die Begegnung mit der Vergangenheit ging, ließ die Tatsache erkennen, dass er nach Straßburg für einige Stunden das Schlachtfeld bei Offenburg besuchte, wo Turenne gefallen war. Mit dessen militärischen Leistungen und Schriften hatte sich bekanntlich Carl Wilhelm Ferdinand bereits in seiner Ausbildungszeit immer wieder intensiv beschäftigt. Weitere Stationen waren auf dem Weg Richtung Schweiz schließlich die Festungen Breisach, Hüningen, Beaufort und Besancon. Auch in der Schweiz stand zunächst ein historischer Besuch an, nämlich über Neuchâtel nach Aarberg, wo das Schlachtfeld war, auf dem 1476 die Schweizer ihren legendären Sieg über Herzog Carl von Burgund errungen hatten. Die Gebeine der Opfer waren gesammelt und in einem längst berühmt gewordenen *»Knochenhaus«* aufbewahrt worden, gleichsam eine Art Erinnerungsstätte an die Schlacht von 1476, und Carl Wilhelm Ferdinand war von dieser Form der Erinnerung tief beeindruckt. Nun ging es weiter über Bern, Lausanne nach Genf und ohne Aufenthalt nach Ferney, da Carl Wilhelm Ferdinand den Wunsch hatte - und wahrscheinlich auch den Auftrag seines Onkels - den alten François-Marie Arouet Voltaire (1694-1778) zu besuchen. Dieser war überrascht und erfreut über diese Begegnung und *»empfing den Prinzen* *mit der heitersten Laune«.* Wichtigstes Gesprächsthema der beiden war Friedrich II., der ja auch in regelmäßigem Briefwechsel mit **Voltaire** stand. Voltaire erkannte sehr schnell die wissensfreudige und aufgeklärte Wesensart seines Gastes und ehrte ihn vor der Weiterreise durch einen Gegenbesuch. Trotz aller Gemeinsamkeiten und interessanten Gesprächsthemen zögerte Carl Wilhelm Ferdinand seinen Besuch in Ferney nicht unnötig in die Länge, zumal mit der Überquerung der

Alpen noch eine anstrengende und mühsame Reiseetappe bevorstand. Am Fuße des Mont Cavis musste der Reisewagen auseinandergenommen und in einzelnen Teilen mit dem Gepäck und den Reisenden von Maultieren über die Alpen transportiert werden. Dann endlich war Italien erreicht, ein bildungspolitisches Muss des 18. Jahrhunderts, wie ja auch die große Bildungsreise von Carl Wilhelm Ferdinands Bruder Herzog Leopold unterstrich, bei der ihn kein Geringerer als Lessing begleiten sollte. Über Novalese und die Festung Susa wurde am 22. Juli 1776 Turin erreicht, wo man sich zehn Tage aufhielt.

Auch hier wieder war der Empfang überwältigend: *»Der König von Sardinien empfing den Prinzen, wie man einen Feldherrn empfangen muß, der sich schon früh so rühmlich ausgezeichnet hatte«.* Das Besuchsprogramm dieser zehn Turiner Tage war diplomatisch-militärisch ausgerichtet mit Besichtigung der Piemontesischen Festungen, die aus den französisch-italienischen Kriegen bekannt waren. Nach einem Abstecher nach Nizza kehrte die Reisegruppe nochmals für 8 Tage nach Turin zurück, jedoch galt das Interesse nun ganz dem Theater. Überhaupt hatte Carl Wilhelm Ferdinand das Reiseziel Italien auch ausgewählt, um die Musik und berühmte Musiker kennenzulernen oder wiederzusehen, denn

Musiker wie Nardini hatten einst in Braunschweig gastiert. Nicht zuletzt aus diesem Grunde befand sich in der Begleitung des Erbprinzen sein ehemaliger Musiklehrer, der Konzertmeister Pesch. Über Mailand, wo nochmals eine Woche Station gemacht wurde, ging es dann in zügigem Reisetempo über Lodi, Cremona, Piacenza und Padua nach Venedig. Die Nachrichten über den achttägigen Aufenthalt in **Venedig** lassen erkennen, dass Carl Wilhelm Ferdinand - entgegen seiner sonstigen Sparsamkeit - diese Reise mit größtmöglichem

Luxus betrieben hatte. So soll er seine Gondelfahrer mit teuren Uniformen nach braunschweigischer Hofsitte ausgestattet und diese Anzüge den Gondolieri als Abschiedsgeschenk überlassen haben. Mehr und mehr gewannen kulturelle Interessen und Ziele Vorrang bei den verschiedenen Aufenthalten, wobei sich der Erbprinz als Kenner der römischen Geschichte und Altertümer, aber auch der nachantiken Kunst Italiens erwies. So machte er nach Trevigo und Montebello erneut Halt in Verona, um das Amphitheater zu besichtigen und römische Altertümer zu studieren. Die Festung Mantua wurde nur kurz besichtigt, ehe er mit seinem Gefolge am 5. Oktober in Florenz eintraf, dessen Pracht ihn zu dem Ausspruch anregte, dass er hier Italiens zweitem Rom begegne. Wie sorgfältig der Hof und die Hofbeamten die ganze Reise vorbereitet hatten, konnte man an der Tatsache erkennen, dass der Großherzog von Florenz ein offizielles Empfangsprogramm realisierte.

Schon an der Landesgrenze wurde Carl Wilhelm Ferdinand, obwohl er angeblich inkognito reiste, offiziell vom Postmeister des Großherzogs mit allen protokollarischen Ehren empfangen. Dieser sollte dem Gast alles Sehenswerte des blühenden Staates zeigen und ihn auch mit den Kunstschätzen von Florenz vertraut machen. Man wusste bereits von dem kulturellen Interesse des Erbprinzen, der entsprechend auch mit Gastgeschenken reich versehen wurde. Der Ruf der herzoglichen Bibliothek in Wolfenbüttel war längst weit über die braunschweigischen Landesgrenzen hinaus verbreitet. Der Großherzog selbst schenkte Carl Wilhelm Ferdinand ein wertvolles Tafelwerk für die herzogliche Bibliothek, nämlich das *»Museum Florentinum«,* in dem auf hervorragend gestalteten Tafeln die Kunstschätze von Florenz dargestellt und beschrieben waren. Tatsächlich war Carl Wilhelm Ferdinand nicht nur an den Kunstschätzen interessiert, sondern auch an der prachtvollen Architektur von Florenz. Manche Anregung für bauliche Neuerungen in Braunschweig hatte er in Florenz aufgenommen und seinen heimischen Architekten vermittelt. Nicht zuletzt bei dieser Reise hatte Carl Wilhelm Ferdinand bei den Besichtigungen militärischer Anlagen erkennen müssen, dass eine **Bastionärsbefestigung** wie in Braunschweig einer

zeitgemäßen Kriegsführung und Verteidigung der Stadt längst nicht mehr entsprach und technisch sowie strategisch längst überholt war. Jahre später wurde
diese massive Befestigungsanlage der Residenzstadt auch tatsächlich beseitigt,
und die **Wallanlage** trat an ihre Stelle. Doch diese Überlegungen eilen der Zeit
voraus.

Carl Wilhelm Ferdinand drängte ebenfalls auf eine eilige Weiterreise über Lucca. Pisa, Livorno und Siena nach Rom, das am 18. Oktober 1766 endlich erreicht wurde. Zwei Wochen Aufenthalt waren eingeplant worden, wusste man doch um den Reichtum der Kunstwerke in der Ewigen Stadt. Kein Geringerer als **Johann Joachim Winckelmann** (1717 – 1768) stand Carl Wilhelm Ferdinand in Rom als Cicerone zur Verfügung. Als Carl Wilhelm Ferdinand am 18. Oktober 1766 im Rom eintraf, wurde er vom dortigen Hof mit allen erdenklichen Ehren empfangen. Auch eine Privataudienz bei Papst Clemens XIII. und

die Einladung, an einer Kardinalswahl teilzunehmen, zählten zum offiziellen Programm. Reiche Geschenke des Papstes, darunter eine Marmorbüste des Scipio Africanus, ein Mosaik mit dem Bild der Galathea Raphaels und 10 Bände mit Piranesis Ansichten Roms, unterstrichen die politische Bedeutung, die diesem Besuch beigemessen wurde. Kardinal Albani gab am 23. Oktober zu Ehren des Gastes in seiner **Villa** ein festliches Abendessen, *»das der Prinz bewunderte,*

aber noch mehr die Schätze der Villa«. Tatsächlich konnte sich Carl Wilhelm Ferdinand in Rom überwiegend seinen historisch-antiquarischen Interessen widmen, und jeden

Morgen stand Winckelmann bereit, um auf Spaziergängen den Erbprinzen mit der antiken Kunst vertraut zu machen. Am 4. November schrieb Winkelmann: *»Kürzlich habe ich ein paar Wochen beständig um den braunschweigischen Achilles, den Erbprinzen sein müssen [...]. Ich bin ziemlich weit in der Bekanntschaft mit demselben gekommen, sodaß, da er sich merken lassen, Lust am Laufen zu haben, einer den anderen müde zu machen gesucht hat, und wir haben zuweilen vor Müdigkeit in einer Stunde nach einem langen Lauf nicht essen können.«* Meist dauerten diese Wanderungen bis zum späten Nachmittag, und selbst beim anschließenden Essen sowie am Abend diskutierte Carl Wilhelm Ferdinand mit Winckelmann über die Eindrücke, die er bei den Besichtigungen gewonnen hatte. Dieses Interesse wurde in Rom mit großer Sorgfalt registriert und Cardinal Albani notierte dazu: *»vom Tagesgrauen bis zur Mahlzeit, und von da weiter zum Abend, streift er mit sehr wenig Gefolge umher, weil wenige von seiner zahlreichen Dienerschaft gleichen Schritt mit ihm halten können. Er geht zu Fuß, sieht alles im einzelnen an und ist unermüdlich«.* Drei Stunden lang etwa erkundete er die Villa Hadrians mit dem Plan in der Hand. Winkelmanns Einführungen und gelehrte Darlegungen waren für den Gast aus Braunschweig von großer Bedeutung. Von Neapel aus schrieb er noch an den großen Antikenkenner, bat ihn um Fortsetzung des gelehrten Briefwechsels und ließ nach seiner Rückkehr nach Braunschweig sogar ein Portrait Winckelmanns in der herzoglichen Gemäldegalerie in Salzdahlum aufstellen. In seiner eigenen Regierungszeit aber wirkten die Erfahrungen mit der antiken Kultur nur noch wenig nach, denn im Zuge der Sanierung der braunschweigischen Staatsfinanzen setzte Carl Wilhelm Ferdinand die strengsten Kürzungen bei den Kulturausgaben an. So hat sich also in dieser Hinsicht bis in unsere Gegenwart kaum etwas geändert. Allerdings blieb Carl Wilhelm Ferdinands Interesse an Italien stets wach, er ließ sich regelmäßig von Reisenden über deren Erfahrungen und Entdeckungen in Italien berichten oder gab selbst Hinweise für solide Reisen. Nur mit großer Selbstdisziplin ertrug der Erbprinz die gesellschaftlichen Abendveranstaltungen, jedoch war seine Zurückhaltung, die fast schon unfreundlich war, nicht zu übersehen. In diesem Sinne hatte nach dem Besuch auch Winckelmann an seinen Freund, den berühmten Gemmensammler **Baron Philipp von Stosch (1691 – 1757)**, zurückblickend am 15. November 1766, geschrieben und zugleich Carl Wilhelm Ferdinand zutreffend charakterisiert:

»Ich glaube, daß er mich leiden könne, und ich bin in dessen Bekanntschaft so weit gekommen, als es dessen zurückhaltendes Wesen und dessen zurückhaltender Sinn erlauben [...]. Wir haben Reisen zu Fuß von 7 bis 8 Stunden in einem Striche gemacht, wo notwendig muß geredet werden, und wo ich mich nicht enthalten können, diesem Herrn vielmals zu wiederholen, daß ich meinen Zustand mit dem seinigen nicht verwechseln wolle. Unterdessen sind wir und vier Personen von Tivoli zurückgefahren, ohne daß jemand nur eine Silbe gesprochen hätte, und auf dem Heimwege war alles Ja und Nein. In Lustbarkeiten, die ihm zu Ehren angestellt wurden, hat keine einzige einen guten Abend von ihm gehört. Das Herz ist gut, aber nicht empfindlich, und die Seele weiß nichts von Fröhlichkeit. Der Weg ihn aufzumuntern scheint der Widerspruch, welches mir beim Essen mehrmals gelungen ist, aber ich muß fürchten, mit meinem hitzigen Kopfe zu weit zu gehen«.

Ein nüchternes Urteil also des großen Gelehrten, dennoch hatte die Welt des antiken Italien Carl Wilhelm Ferdinand fasziniert, wozu nicht zuletzt auch die Begegnung mit dem englischen Gesandten in Neapel, **Sir William Hamilton** (1730 - 1803), erheblich beigetragen hat, mit dem er auch in späteren Jahren freundschaftlich verkehrte.

Ihn traf Carl Wilhelm Ferdinand, nachdem er am 1. November von Rom in Richtung Süden abgereist war. Über Terracina, Fundi, Mola und Capua kam er nach Neapel, wo er sich länger als in Rom aufhielt. Das Haus des englischen Gesandten in Neapel war ein bedeutender kultureller Treffpunkt, zumal Sir William Hamilton ein eifriger Sammler von antiker Kunst und Erforscher antiker Keramik war. Dieser begleitete den Erbprinzen zu den historischen Stätten in und um Neapel. Gemeinsam haben sie auch den **Vesuv** erstiegen, *»der wie gewöhnlich so mit Asche bedeckt war, daß sich die Reisenden genöthigt sahen, sich durch Wegweiser hinaufziehen zu lassen, indem*

jene sich an die Gurte der letzten festhalten mußten«. Wichtiger aber sollte ein Empfang im Hause Hamilton werden, bei dem zahlreiche Persönlichkeiten Neapels eingeladen waren, insbesondere aus der führenden Schicht der Baroni. Offenbar, so überliefert die neapolitanische Chronik, war bei einem dieser offiziellen Abende auch die junge Witwe Maria von Branconi Gast von Sir William Hamilton. Sie wurde dem Ehrengast, Carl Wilhelm Ferdinand offiziell vorgestellt, und dieser war offenbar fasziniert von der Schönheit und Ausstrahlungskraft der Zwanzigjährigen, die zur ständigen Begleiterin des attraktiven Erbprinzen wurde und noch mehr: die Rückreise von Neapel trat Carl Wilhelm Ferdinand in Begleitung Maria von Branconis an. Beide hatte eine glühende Leidenschaft erfasst, die junge Witwe war fortan die Mätresse des Erbprinzen.

MARIA ANTONIA VON BRANCONI

Maria Antonia von Branconi wurde am 27. Oktober 1746 in Genua als Tochter des aus Deutschland stammenden Majors Elsener und seiner italienischen Ehefrau Marsinara Seravalle geboren. Über die familiären Verhältnisse und die

Kindheit von Maria Elsener gibt es bisher keinerlei nähere Informationen. Lediglich bekannt ist, dass die Familie bald nach der Geburt der Tochter nach Neapel umzog, da der Vater dort als Major im Dienst der Königlich Neapolitanischen Schweizer Garde stand. Bereits mit 12 Jahren, nämlich am 27. November 1753, heiratete Maria Elsener den Italiener Francesco de Pessina Branconi, der in Neapel ebenfalls in königlichen Diensten stand, und zwar als Beamter der Generalpachtungen. Bereits am 31. Oktober 1762 wurde der älteste Sohn,

Antonio Mariano Salvatore Francesco geboren und am 14. Februar 1764 die Tochter Anna Maria Antonia. Persönliche Aufzeichnungen sind aus dieser Zeit nicht erhalten, so dass wir keine näheren Informationen über die Ehe und das Leben der Familie von Branconi in Neapel besitzen. zweifellos zählte das Paar jedoch zur führenden Gesellschaftsschicht in Neapel, denn beim Besuch des braunschweigischen Erbprinzen Carl Wilhelm Ferdinand hielt sich Maria von Branconi im Hause des britischen Gesandten Sir William Hamilton auf. Allerdings war ihr Ehemann schon am 21. Oktober 1766 verstorben, so dass sie in Palermo/Calabrien als junge Witwe ins Licht der historischen Ereignisse in Palermo/Calabrien tritt, eben zum Zeitpunkt der Bildungsreise des Erbprinzen.

Seit 1734 waren das Königreich Neapel und das Königreich von Sizilien unabhängig, regiert vom *»König Sizilien«*. Während in Palermo aus Sizilien ein Vizekönig residierte, wurde Neapel direkt vom König regiert. Um die größte Stadt Italiens im 18. Jahrhundert zählten die Regionen Kampanien, Kalabrien, Basilikata, Pulien, Abbruzzen

und Molise zum damaligen Königreich, das mit **Karl III.** seit 1734 wieder einen eigenen Herrscher hatte. Neapel, dessen Einwohnerschaft zwischen 1740 und 1781 von ca. 300.000 auf mehr als 480.000 Einwohner anwuchs, war die Residenz des Hofes, der über eine Gesamtbevölkerung regierte, die in dem gleichen Zeitraum von 3 auf 5 Millionen Menschen angewachsen war. Das Zentrum von Staatsbürokratie und Gerichtswesen besaß kein Berufsbeamtentum in den Diensten des Königs, sondern die dominierende politische Kraft war der Adel. Es existierte ein noch intaktes Feudalsystem, dessen kompakteste Gruppe die sogenannten Baroni waren, ein Kreis von etwa 1.500 kleinadliger Familien. Ihrer direkten baronalen Rechtssprechung unterstanden jedoch mindestens 70 % der Bevölkerung, während knapp 30 % der Bevölkerung der königlichen Rechtsprechung unterstanden. Vor diesem Hintergrund war die Sozialstruktur der Residenzstadt Neapel bestimmt von einer parasitären Advokatenschicht, dann den Baroni und im Laufe des 18. Jahrhunderts von einer neueren Art eines *»Agrarbürgertums«*. Ihnen ging es nicht um soziales Ansehen durch Aufstieg in den Adel, sondern um wirtschaftliche Erfolge oder besser gesagt schlichtweg um Bereicherung. Wir finden in dieser neuen sozialen Schicht Hofmeister, Zunftbeamte, Pächter, Wucherer, Händler sowie Verwalter von feudalen Gütern. Ihre soziale Zusammensetzung war jedoch heterogen, dass sie keine soziale Bedrohung für den Adel darstellte. Entsprechend war auch keine Veränderung in der Gesellschaft in Sicht, Ideen der Aufklärung fanden noch keinen Nährboden, und die katastrophalen Missstände im Lande änderten sich ebenfalls nicht. Die schwerwiegendsten Konfliktmomente waren wirtschaftliche Rückständigkeit und Stagnation. Missbrauch von

Feudalrecht durch die Baroni, Luxus und Prunk des Adels sowie das Verhältnis

von Staat und Kirche. Gefährlich wurde für die soziale Ruhe eine Hungerkatastrophe des Jahres 1764, die einen letzten Anstoß für grundlegende Reformen durch den seit 1755 als Minister tätigen **Bernardo Tanucci** (1698 – 1783) zur Folge hatte. Er gilt als Aufklärer, und er sah in der Kirche den Hauptfeind des Staates und Verhinderer von Reformen. Als Karl III. 1759 nach Spanien übersiedelte, übernahm Bernardo Tanucci für den minderjährigen König Ferdinand IV. (1751 – 1825) die Regentschaft in Neapel und versuchte, entschieden seine Reformen durchzusetzen. Als erste Maßnahme verbot er den Jesuitenorden in Neapel und setzte Finanz- und Wirtschaftsreformen im Geiste der Aufklärung in Gang. 1767 wurde Ferdinand IV. volljährig, 1768 hei-

ratete er die **Erzherzogin Maria Carolina von Österreich** (1752 – 1814),

Tochter Maria Theresias und Tanucci blieb als bestimmender Minister weiter im Amt. Trotz aller notwendigen Veränderungen blieb die beherrschende Stellung der Baroni in Neapel unverändert. In diese kleinadlige Führungsschicht war Maria Elsener durch ihre Heirat mit dem Baron Branconi gelangt, was Kontakte und Begegnungen am Hof und den ausländischen Botschaften bzw. Gesandtschaften nicht nur wahrscheinlich macht, sondern sogar erklärt.

Neapel war zweifelsohne die glanzvollste Station auf der Europa-Reise von Carl

Wilhelm Ferdinand. Die Begegnung mit Sir William Hamilton vertiefte ganz entscheidend das Interesse des Erbprinzen für die antike Kultur und Kunst, und

dies fand seinen Ausdruck in einem langjährigen Briefwechsel mit dem englischen Gesandten und Antikensammler. Auffallend auch im Königreich Neapel, dass der inkognito reisende Erbprinz von

Braunschweig mit dem Prunk und Luxus eines regierenden Fürsten auftrat. Die Zeitgenossen zeigten sich beeindruckt, dass er erneut alle Bediensteten, die er anmietete, mit braunschweigischen Uniformen ausstattete und mit vollen Händen Zechinen ausstreute, so dass er wegen dieser »generosità« alle Herzen eroberte.

Der erste Biograph Carl Wilhelm Ferdinands, Pockels, betonte den ökonomischen Aspekt dieser Reise ebenfalls an erster Stelle, so auffallend war die Verhaltensweise des Erbprinzen gegenüber seinen sonstigen Gewohnheiten: *»Ueberall wurden sehr reichliche Douceurs gegeben, und in Italien das meiste in Zechinen bezahlt. Ueberall standen ihm Geldwechsel zu Gebote, und es fehlten niemals an jenen goldenen Hilfsmitteln, wodurch man allein mit Bequemlichkeit durch die Welt reisen kann. Der glänzende Aufenthalt dieses Herrn in Italien kontrastirte mit der zu ökonomisch eingerichteten Reise des nachherigen Kaisers Joseph so sehr, daß es allgemein auffiel. In allen großen Städten wurden Lohnlaquaien in Menge gemiethet, und mit der braunschweigischen Livrey bekleidet, denen bisweilen der ganze Anzug geschenkt wurde. - Genug, diese Reise muß erstaunliche Summen gekostet haben«.* Mit Interesse beobachtete man vor allen Dingen die offensichtliche Annäherung zwischen Maria von Branconi und dem Prinzen, denn die junge Witwe stand wegen ihrer auffallenden Schönheit immer wieder im Licht der Öffentlichkeit, zumal sie auch enge Beziehungen zur Königin besaß. Drei Wochen also dauerte der Aufenthalt, und offenbar wollte Carl Wilhelm Ferdinand, nachdem er sich mit Maria von Branconi einig war, jeden Moment dieser neuen Leidenschaft nutzen. Obwohl nämlich im Hafen von Neapel englische Schiffe für die Überfahrt nach Sizilien bereitlagen, brach der Erbprinz die Reise kurzfristig ab und schlug den Rückweg nach Rom ein. Die Rückreise im Winter war zweifelsohne beschwerlicher, dennoch wurde auf den einzelnen Stationen nur kurz Halt gemacht. Nur von Ferrara nach Venedig nutzte man die Gelegenheit zu einer romantischen Bootsfahrt auf dem Po, und gemeinsam mit seiner neuen Mätresse besuchte Carl Wilhelm Ferdinand in der Lagunenstadt einige Opern- und Musikaufführungen. Den Neujahrstag 1767 verbrachten die Braunschweiger in Bergamo, ehe es über Mailand weiter ging nach Genua. Hier wurden die Vorbereitungen zur Überfahrt auf der See getroffen, weshalb man hier noch 12 Tage Aufenthalt hatte. Die führenden Vertreter der Republik luden Carl Wilhelm Ferdinand zu festlichen Empfängen ein, und er wurde mit großen Auszeichnungen geehrt. Auch Maria von Branconi nahm an diesen offiziellen Ereignissen teil, ohne jedoch besonders in Erscheinung zu treten. Die Chronisten wurden jedoch nicht müde, ihre außergewöhnli-

che Schönheit und das stattliche Aussehen des Erbprinzen in einem Atemzug zu betonen. Ein Zeichen dafür, welches Aufsehen das Paar bereits zu diesem Zeitpunkt in der Öffentlichkeit erregte. Mit einer englischen Fregatte sollte es nach Toulon und von dort nach Paris gehen, jedoch musste die Überfahrt bereits bei Frejus abgebrochen werden. Als Anlass wird schwere See und Seekrankheit angegeben, und es lässt sich vermuten, dass Carl Wilhelm Ferdinand besondere Rücksicht auf seine Begleiterin genommen hatte. So ging es nun über den Landweg weiter über Marseille, Aix, Nimes, Avignon, Orange, Lyon nach Paris. Nur kurz wurden historisch bedeutsame Orte noch besichtigt, wie etwa Vaucluse, wo Petrarca begraben liegt. Drei Wochen dauerte der zweite Aufenthalt in Paris, da Carl Wilhelm Ferdinand die Ankunft von **Ehefrau und Sohn** aus London abwartete.

DIE RÜCKKEHR NACH BRAUNSCHWEIG – DIE GERÜCHTEKÜCHE BRODELT

Am 3. Juni 1767 trat der Erbprinz mit **Augusta** und Sohn Georg August sowie Maria von Branconi gemeinsam die Rückreise in die Heimat an, wo am 24. Juni 1767 Braunschweig erreicht wurde. Die Bevölkerung feierte begeistert die Rückkehr der Prinzenfamilie, vor allen Dingen den kleinen Thronfolger. Gruß-adressen, Fahnenschmuck und unzähli-ge Festlichkeiten waren äußerer Aus-druck eines ehrlichen Freudentaumels, auch wenn sich hier und da skeptische und fragende Stimmen hinsichtlich der schönen Italienerin hören ließen. Längst, ehe Carl Wilhelm Ferdinand und seine Familie in Braunschweig eingetroffen waren, hatte die Gerüchte-küche in der Residenzstadt sowie im

ganzen Land zu brodeln begonnen. Dabei war es nicht so sehr die Tatsache als solche, die die Gemüter erregte, als vielmehr der Ruf der Schönheit, der Maria von Branconi vorausgeeilt war, und die Neugier am Hof ebenso wie beim Volk geweckt hatte.

Und die Betroffene selbst? Von ihr haben wir aus den Anfangswochen in Braun-schweig keinerlei eigene Äußerungen oder Aufzeichnungen vorliegen. Es lässt sich jedoch vermuten, dass ihre gesellschaftlichen Erfahrungen im Kreis der ne-apolitanischen Baroni ihr die Begegnung mit den führenden Kreisen der Braun-schweiger Gesellschaft erleichtert haben, so dass sie sehr rasch Zugang und An-erkennung gefunden hatte. Wir wissen nicht, wo Carl Wilhelm Ferdinand seine Mätresse in der ersten Zeit in Braunschweig untergebracht hatte. Erst zum Jahr

1772 lässt sich die allgemein bekannte Wohnung in der Wilhelmstraße nachweisen. Am 29. Dezember 1767 wurde der Sohn Carl Anton Ferdinand von Branconi geboren und am 31. Januar 1768 in St. Andreas evangelisch getauft. Dies ist insofern bemerkenswert, als die Mutter Katholikin war, in diesem Falle jedoch wohl Rücksicht auf den Vater und die Religionszugehörigkeit des herzoglichen Hofes in Braunschweig genommen wurde. Sowohl der Eintrag in das Taufregister bei St. Andreas, als auch der Taufschein selbst enthalten noch weitere Hinweise, die uns schlagschlichtartig die gesellschaftliche Situation der erbprinzlichen Mätresse beleuchten. *»Dominica Septnegesimae als den 31ten Januarii huj, au. ist der Madame Maria Antoinatta de Branconi geborener Söhnlein von dem Hr. Pastori Steinbrück des Abends hor. 6 im Hause getaufet worden, welchem der Nahme Carl Anton Ferdinand Branconi gegeben, die Gevattern sind gewesen Ihro Durchl. des Regierenden Herzogs Carl. Welche Kindtaufe also hiermit nachgetragen wird, so damals in der Ordnung bewandten Umständen nach nicht angeführet worden.«*

Und der Taufschein:

»In Anno 1768 den 31ten Januarii, Sonntag Septuaagesimae ist der Madame Marie Antoinette Branconi Söhnlein hierselbst durch die heilige Taufe dem Herrn geheiliget und unter dem Namen Carl Anton Ferdinand von Branconi dem Verzeichniß der Lebendigen einverleiht worden und es haben bei dieser heiligen Handlung Ihro jetzt regierende des Herzogs Carl zu Braunschweig und Lüneburg Durchlauchten in eigener hoher Persohn die Stelle eines Taufzeugen zu vertreten gnädigst geruhet. Dieses habe auf hohen Befehl durch eigenhändig geschriebenes untersiegeltes Zeugnis bescheinigen sollen der ich obigen Actum ministerialem zu verrichten die Ehre gehabt habe. Braunschweig, den 31ten Martii 1770.

Andreas Antor Steinbrrück,
Pastor ad St. Andreae«.

Die Tatsache, dass im Dezember 1767 der Sohn von Maria von Branconi und Carl Wilhelm Ferdinand geboren wurde, bestätigt indirekt, dass beide die Rückreise von Neapel gemeinsam unternommen hatten. In der Patenschaft von Herzog Carl I. können wir außerdem die gesellschaftliche Anerkennung von Mutter und Sohn im damaligen Braunschweig ablesen, auch wenn in den Urkunden der Name des leiblichen Vaters diskret ausgespart blieb. Dennoch war es für den Hof kein Problem, sich zu den Folgen der Verbindung zu bekennen, ja sogar Vorsorge für den weiteren Lebensweg zu treffen. Auf Antrag des braunschweigischen Herzoghauses wurde der Sohn durch Kaiser Joseph II. (1741 – 1790) in den Adelsstand erhoben und führte fortan den Namen Carl Anton Ferdinand von Forstenburg (1767 – 1794). Maria von Branconi genoss also großes Ansehen in der Gesellschaft, entsprachen derartige Verhältnisse doch ganz dem damaligen Zeitgeist und waren durchaus gesellschaftskonform. So hat schließlich auch der bekannte Professor am Collegium Carolinum, Johann Joachim Eschenburg (1743 – 1820), die Erziehung des jungen Grafen Forstenburg übernommen.

Dank der Unterstützung ihres Liebhabers lebte Maria von Branconi in ausgesprochen luxuriösen Verhältnissen, wie schon Zeitgenossen bewundernd feststellten. Ihr **Palais in der Wilhelmstraße** (später »*Wilhelmsgarten*«) in Braunschweig wurde zu einem gesellschaftlichen und kulturellen Treffpunkt in der Stadt.

1776 erwarb Madame Branconi schließlich noch das **Gut Langenstein bei Halberstadt**, war doch Carl Wilhelm Ferdinand Chef des preußischen Regiments in Halberstadt, so dass dieses Gut eine gelungene Möglichkeit zu intimen Treffen des Paares bot, vielfach auf dem **Großen Schloss Blankenburg**.

Aber auch Leidenschaft vergeht und bereits 1777 fand das Verhältnis ein jähes Ende, denn bei Carl Wilhelm Ferdinand trat **Louise von Hertefeld** die Nachfolge als Mätresse an. In den folgenden Jahren hielt sich Maria von Branconi meist im Ausland auf. Man spricht in der Forschung auch von den *»Wanderjahren der Madame Branconi«*. Maria von

Branconi, eine nicht nur schöne, sondern auch gebildete Frau, pflegte intensive Kontakte mit den führenden Persönlichkeiten des kulturellen und öffentlichen Lebens in ganz Europa. Dazu zählten Literaten wie Johann Wilhelm Ludwig Gleim (1719 – 1803) in Halberstadt, die Fürstin Luise von Dessau (1750 – 1811) und vor allem der Züricher Pastor und Physiognom C. L. Lavater (1741 – 1801). Mit Lavater führte Maria von Branconi einen intensiven

Briefwechsel und **Lavater** war interessiert, fasziniert, aber auch neugierig. Er wollte nicht nur die Branconi seiner Gegenwart kennen, sondern auch über ihre frühere Zeit und ihre Lebensweise Näheres erfahren. Einem der Briefe Maria von Branconis an Lavater lag daher eine ausführliche Schilderung von Matthaei, dem Sekretär der Branconi, über diese bei, wo er u.a. folgendes darlegte: »*Branconi hat mir freie Macht gegeben, von ihr und was sie betrifft an Lavater zu schreiben. Die gute Seele kann*

ja wohl dieses Vorrecht erteilen, aber wer ist im Stande, es auszuüben? Die Geschichte ihres Herzens ist doch wohl die einzige merkwürdige Aufzeichnung, die Geschichte ihres jetzigen Lebens die folgende; kann dies aber jemand außer ihr selbst? Und zudem ist es noch nicht so lange her, daß sie mir erst worden ist, was sie ist, daß ich ihr worden bin, was ich bin. Unglückselige Wolken setzen sich die ganze Zeit zwischen uns, und kein Sonnenblick des Zutrauens, des Mitleidens, des gegenseitigen Erkennens konnte durchdringen, bis endlich das, was ich so oft erseufzt hatte, woran ich dennoch nie gezweifelt habe, obgleich nicht der geringste Anschein sich zeigen wollte, erfolgt ist, bis endlich auch hier Gott den Zentner abgewälzt hat und Hilfe schaffte, wo ich es am wenigsten vermutete. Freilich, seitdem bin ich ihr mit einer Bruderliebe zugethan, mit einem Hingeben, das so ganz durch und durch einzig ihr bleibt, mit einer Innigkeit, die mich täglich mit neuer Zufriedenheit füllt, aber ich weiß doch nichts von ihr zu schreiben als: Komm und siehe! Alles übrige schadet der Sache selbst, weil es bloßer Schatten bleibt. ... Wer Branconi will kennen lernen, kann es nicht durch ihre Briefe, denn sie sind nur Kommentare ihrer selbst, kann es nicht durch andere, denn dies sind nur Paragraphen. Er muß ihr folgen können in ihr Kabinett und da das Herz ohne Falsch sich aufschließen sehen und diese Reinigkeit, dieses Gefühl der Unschuld, diese Überwältigung von Güte und Größe im Kampfe streiten sehen, dieses Emporstreben, zu sein, was unmöglich ist. Dann hat er den Stoff kennen gelernt, aus dem ihr Wesen besteht; will er nun ihren Handlungen folgen? Wie einseitig kann das der Beste bemerken! Wie viele müssen uns verborgen sein! Wie vieles anderes sehen wir selbst schief! Ich weiß nicht, mich dünkt, nichts Schwereres sei in der Menschheit, als einen anderen richten, da ich mit mir selbst täglich neue Auftritte zu teilen habe. Ich nehme alsdann den Menschen nur von einer gewissen Seite, die mir die nächste ist, wo ich am wenigsten mich zu irren glaube, und da sage ich mir mein Urteil ganz allein mir leise ins Ohr; für die übrigen alle weiß ich nichts als: Komm und siehe!"

In Lausanne schließlich begegnete Maria von Branconi **Johann Wolfgang von Goethe** (1749 – 1831), der sie während seiner zweiten, mit Herzog Karl August unternommenen, Reise durch die Schweiz aufsuchte. Er war fasziniert und beeindruckt von der *»Venus Branconi«*, die damals als schönste Frau Deutschlands galt. Entsprechend empfand auch Goethe, wie zahlreiche briefliche Äußerungen gegenüber Freunden oder auch Frau von Stein in Weimar belegen. Eine Woche nach dem Treffen schrieb

Goethe an Lavater: *»Sie war so artig, mir wenigstens glauben zu machen, daß ich sie interessiere und ihr mein Wesen gefalle, und das glaubt man diesen Sirenen gern. Mir ist herzlich lieb, daß ich nicht an Matthäis Platz bin, denn es ist ein verfluchter Posten, das ganze Jahr par devoir wie Butter an der Sonne zu stehen«.* 1780 machte Maria von Branconi einen Gegenbesuch in Weimar bei Goethe. Zwei Tage hat er die *»Schöne Frau«*, wie er sie nannte, durch Weimar

geführt und bewirtet. Es muss ein gewaltiger Eindruck gewesen sein, den die Schönheit auf ihn machte und sein Gefühlsleben war kräftig in Aufruhr versetzt worden. In einem Brief, den er der Branconi nach der Abreise nach Frankfurt schrieb, betonte **Goethe**: *»In Ihrer Gegenwart wünscht man sich reicher an Augen, Ohren und Geist, um nur zu sehen und glaubwürdig und begreiflich finden zu können, daß es dem Himmel nach so viel verunglückten Versuchen auch einmal gefallen und geglückt hat, etwas Ihresgleichen zu machen«.*

Und wiederum war Lavater äußerst interessiert, wie die Begegnung zwischen Goethe und der *»Schönen Frau«* verlaufen war. Auf eine dementsprechende briefliche Anfrage reagierte Goethe sehr reserviert und fast indigniert, indem er schrieb: *»Deine Frage über die Schöne kann ich nicht beantworten. Ich habe mich gegen sie so betragen, als ich's gegen eine Fürstin oder eine Heilige thun würde. Und wenn es auch nur Wahn wäre, ich möchte mir solch ein Bild nicht durch die Gemeinschaft einer flüchtigen Begierde besudeln. Und Gott bewahre uns für einem ernstlichen Band, an dem sie mir die Seele aus den Gliedern winden würde ... Auch thut der Talisman jener schönen Liebe, womit die Stein mein Leben würzt, sehr viel. Sie hat meine Mutter, Schwester und Geliebten nach und nach geerbt, und es hat sich ein Band geflochten, wie die Bande der Natur sind«.* Geradezu erleichtert schien Goethe nach der Abreise seiner Freundin. Drohte er - anders als bei Charlotte von Stein - der Attraktivität und Schönheit der Madame Branconi zu erliegen oder war er der erotischen Anziehungskraft während des Besuches bereits erlegen? Rätselhaft wirken auf jeden Fall seine Tagebuchnotizen nach ihrer Abreise. Und mehr noch: Wenige Tage später, am 6. September 1780, entstand unter dem Eindruck dieses Erlebnisses und der scheinbaren Abwehr einer drohenden Liebesbeziehung auf dem Kickelhahn eines der schönsten **Gedichte Goethes**:

> *»Über allen Gipfeln*
> *Ist Ruh´*
> *In allen Wipfeln*
> *Spürest Du*
> *Kaum einen Hauch;*
> *Die Vöglein schweigen im Walde.*
> *Warte nur, balde*
> *Ruhest du auch«.*

Goethe's Handschrift im Kickelhahn-Häuschen.

Die innere Unruhe trieb Maria von Branconi immer wieder auf Reisen, treu begleitet von Carl Johann Conrad Michael Matthaei (1744 – 1830), der auch alle Fragen der Organisation sowie der Verwaltung von Gut Langenstein für seine Herrin bewältigte. 1783 fand ein mehrmonatiger Aufenthalt in Langenstein statt, wo auch Goethe und Fritz von Stein einige Tage zu Besuch waren, wie aus einigen Briefen an dessen Mutter ersichtlich ist. Nach der Abreise schrieb Goethe an **Frau von Stein** (1742 – 1872) von Clausthal aus über seine erneute Begegnung mit Maria von Branconi: *»Ich werde dir viel von der schönen Frau erzählen, sie wußte nicht, woran sie mit mir war, und*

gern hätte ich ihr gesagt: ich liebe, ich werde geliebt und habe auch nicht einmal Freundschaft zu vergeben übrig. Vielleicht seh ich sie noch einmal in Göttingen oder Kassel, denn sie geht in diesen Tagen nach Straßburg«.

Bereits im Oktober war Frau von Branconi mit Matthaei und ihrem Sohn Karl wieder in Straßburg eingetroffen. Paris, London, Boulogne und Neuchâtel waren die nächsten Stationen und gegen Ende des Jahres 1786 erwarb sie das Gut Chanet in der Nähe von Neuchâtel. Allmählich machte sich aber der beschwerliche Gesundheitszustand der stets unternehmungslustigen Frau nachteilig bemerkbar, so dass wir sie in den folgenden Jahren immer öfter auf kürzeren und längeren Badereisen finden. Italien war das letzte Ziel, jedoch konnte wegen des sich ständig verschlechternden Gesundheitszustandes Rom nicht mehr erreicht werden. Verona, Vicenza, Padua und schließlich Abano waren die Stationen. Eine Kur brachte jedoch nicht den erhofften Erfolg, die Krankheit ließ sich nicht mehr heilen und am 7. Juli 1793 ist Maria von Branconi in dem italienischen **Heilbad Abano** gestorben. Am meisten betroffen von diesem Verlust war ihr

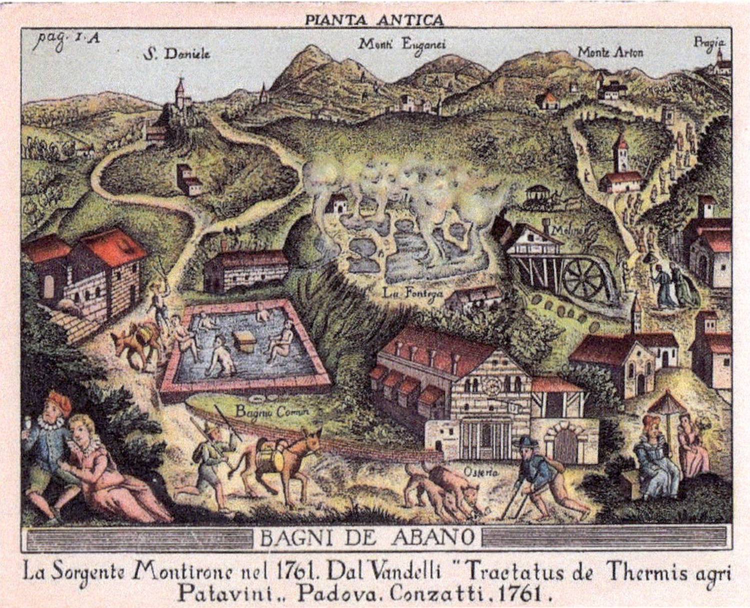

La Sorgente Montirone nel 1761. Dal Vandelli "Tractatus de Thermis agri Patavini., Padova. Conzatti. 1761.

Begleiter Matthaei, der wochenlang krank wurde. Noch am 10. Juni 1793 hatte er hoffnungsvoll an einen Freund in Basel geschrieben: *»Nun sind wir wieder in den heißen Bädern. Wenn es indes nur hilft, so will ich gern Italien lieb haben, in dessen Vorhof ich immer herumtolle und mich mit Venedig begnüge, bis vielleicht und vielleicht auch nicht noch sich etwas Reichhaltiges für mich öffnen wird. ... Viel herzliche Grüße von der lieben Dulderin, die wirklich viel seitdem gelitten hat. Noch weiß ich nicht, ob die Bäder alles wegnehmen und das Alte wiederherstellen vermögend sind«.* Die Hoffnung aber war vergebens. Die Liebe des braunschweigischen Herzogs Carl Wilhelm Ferdinand hatte Maria von Branconi einst im Sturm gewonnen, deren Verlust jedoch persönlich nie überwunden. Viele Freunde begleiteten die späteren Jahre die *»schöne Frau«*, darunter auch Goethe. Letztlich fand sie aber keine Ruhe mehr, bei niemandem und nirgendwo. Ist Maria von Branconi in der braunschweigischen Landesgeschichte längst Legende geworden und Teil der Erinnerungskultur zwischen Blankenburg und Halberstadt, bleibt sie darüber hinaus durch Goethes Gedicht vom 6. September 1780 auch in der Literaturgeschichte indirekt verewigt.

Soweit unser heutiger Wochenbrief mit welfischen Impressionen. Allen Geschichtsfreundinnen und Geschichtsfreunden wünsche ich eine schöne Woche und weiterhin alles Gute. Für die Lektüre empfehle ich allen das neue Buch *Stauffenbergs Schatten* sowie weiterhin die Teilnahme an unseren Veranstaltungen.

Impressum

Die Deutsche Nationalbibliothek verzeichnet diese Publikation in der Deutschen Nationalbibliographie; detaillierte bibliografische Daten sind im Internet unter *http://www.dnb.de* abrufbar.

Die schöne Frau
Maria von Branconi, Goethe und Blankenburg
von Gerd Biegel, Hans-Jürgen Sträter

1. Auflage 2024
ISBN-Nummer 978-3-7597-9555-7
Verlag: BoD • Books on Demand GmbH, In de Tarpen 42,
22848 Norderstedt
Druck: Libri Plureos GmbH, Friedensallee 273, 22763 Hamburg
Herausgeber: Adlerstein Verlag Braunschweig
Alle Rechte vorbehalten
© Gerd Biegel, Institut für Braunschweigische Regionalgeschichte und Geschichtsvermittlung, TU Braunschweig